Meine ersten
REZEPTE

Schwager & Steinlein

Inhalt

Tipps und Tricks von der Maus	4
Küchen-ABC	7
Rohkost mit Dip	8
Rührei auf Brot	10
Partysalat	12
Westernbällchen	14
Bunter Nudelsalat	16
Wurstsalat	18
Nudeltoast mit Salami und Schinken	20
Lauchkuchen	22
Pizzaschnecken	24
Hühnersuppe	26
Pellkartoffeln mit Kräuterquark	28
Makkaroni-Auflauf	30
Fischstäbchen mit Salat	32

34	**Spaghetti Bolognese**
36	**Hähnchenschenkel mit Ofengemüse**
38	**Gnocchi mit Tomatensauce**
40	**Curry-Geschnetzeltes mit Spaghetti**
42	**Süße Burger**
44	**Omelett mit Bananen**
46	**Arme Ritter**
48	**Gebackene Apfelringe**
50	**Schoko-Muffins**
52	**Kirschenmichel**
54	**Marmorkuchen**
56	**Schoko-Bananen-Ecken**
58	**Kunterbunter Kuchen**
60	**Schokolinsen-Cookies**
62	**Griesbrei**

Kinderleicht kochen mit der Maus

In ihrem Kochbuch zeigt dir die Maus, wie man einfache Gerichte zubereitet. Was magst du lieber? Nudelsalat oder Hühnersuppe? Schoko-Muffins oder Griesbrei? Dein Lieblingsgericht ist garantiert dabei und kinderleicht zuzubereiten.

Vorbereitung

Lies dir, bevor du beginnst, das ganze Rezept aufmerksam durch. Hast du alle Zutaten im Haus? Welche Geräte oder welches Werkzeug muss bereitgestellt werden? Koche grundsätzlich nur gemeinsam mit einem Erwachsenen und lass dir bei schwierigen Handgriffen helfen.

Schritt für Schritt

Jedes Rezept wird Schritt für Schritt genau erklärt. Das fertige Gericht wird im Foto gezeigt. Wenn du dich genau an die Anleitung hältst, dann wird dir das Rezept auch gelingen. Vielleicht sieht das Ergebnis beim ersten Versuch nicht ganz genau so aus wie auf dem Bild. Mach dir nichts draus! Auch ein Spitzenkoch hat einmal klein angefangen.

Die drei Elefanten

Die verschiedenen Rezepte sind in Schwierigkeitsgrade eingeteilt. Wenn du mit einem Rezept nicht weiterkommst, bitte einen Erwachsenen um Hilfe.

 für Kochanfänger

 für Fortgeschrittene

 für Köchinnen und Köche mit Erfahrung

Tipps und Tricks von der Maus

Sauberkeit
Bevor es losgeht, wäschst du dir die Hände. Lange Haare werden zusammengebunden, und auch Spitzenköche tragen eine Schürze.

Geräte bereitstellen
Lies dir die Liste der benötigten Geräte durch und stelle alles bereit, was du brauchst.

Zutaten abmessen
Dann liest du dir die Liste der benötigten Zutaten genau durch. Das Gelingen eines Rezeptes hängt vom genauen Abmessen der Zutaten ab. Dazu benutzt du am besten einen Messbecher oder eine Küchenwaage.

Eiertest
Verwende nur frische Eier. Frische Eier erkennst du daran, dass sie in einem Glas mit kaltem Wasser flach am Boden liegen bleiben und sich nicht etwa aufstellen oder gar an die Oberfläche schwimmen.

Eier trennen

Schlage mit dem Messerrücken das Ei in der Mitte nur ganz leicht an, brich es mit den Fingern über einer Tasse vorsichtig auseinander (Daumen an Daumen). Kippe das Eigelb so lange von einer Schalenhälfte in die andere, bis alles Eiweiß in die Tasse gelaufen ist. Das Eigelb gibst du anschließend in ein zweites Gefäß.

Große Wäsche
Obst und Gemüse müssen gründlich unter fließendem Wasser gut gewaschen werden, und zwar unzerkleinert. Danach wird es meistens noch geputzt, das heißt von Stängeln, Kernen etc. befreit.

Scharfe Messer
Beim Umgang mit Messern ist äußerste Vorsicht geboten! Lege immer ein Schneidebrett unter und halte das Messer stets mit der Schneide nach unten. Wenn dir ein Messer aus der Hand rutscht, niemals nachfassen! Spüle Messer immer einzeln unter fließendem Wasser ab. Du könntest beim Abwasch im Spülbecken in die Klinge greifen.

Schneidebretter
Um Obst zu schneiden, nimmst du am besten ein Kunststoffbrett als Unterlage. Holzbrettchen hältst du vor dem Schneiden unter fließend kaltes Wasser, damit sie den Saft nicht aufsaugen. Alle Brettchen nach dem Benutzen gut abspülen.

Abkürzungen
TL	Teelöffel
EL	Esslöffel
g	Gramm
kg	Kilogramm
l	Liter
¼ l	250 ml
½ l	500 ml
P.	Päckchen
Msp.	Messerspitze
FP	Fertigprodukt
TK	Tiefkühlware

Zwiebeln würfeln

Schäle von der Zwiebel die äußere Haut ab und schneide sie von der Spitze bis zum Boden einmal durch. Lege die Zwiebelhälfte mit der Schnittfläche nach unten aufs Brett und schneide sie mehrmals längs ein. Dann drehst du das Brettchen und schneidest sie in Querrichtung ein.

Handrührgerät

Stecke zuerst die Rührstäbe in das Gerät und erst dann den Stecker in die Steckdose. Schalte das Handrührgerät erst ein, wenn die Rührstäbe tief in der Schüssel stecken, dann spritzt es nicht. Fasse nie mit der Hand in die Schüssel, während die Rührstäbe sich drehen. Zieh den Stecker aus der Steckdose vor dem Herausnehmen der Rührstäbe aus dem Handrührgerät.

Herd und Backofen

Verlasse die Küche nicht, solange der Herd eingeschaltet ist. Wähle bei Elektroherden die Herdplatte nach der Größe des Topfes aus. Der Topf sollte weder größer noch kleiner sein als die Herdplatte. Vergiss nicht, den Herd nach dem Kochen auszuschalten.
Räume den Backofen aus, bevor du ihn benutzt, und schalte ihn nach dem Backen wieder aus!

Umluft

Wenn ihr einen Umluftherd habt, muss die Temperatur etwa 20 Grad niedriger eingestellt werden. Das ist immer im Rezept in Klammern angegeben. Also zum Beispiel 180 Grad statt 200 Grad.

Vorsicht, heiß!

Benutze dicke Topflappen oder Ofenhandschuhe, um heiße Backformen und Backbleche anzufassen. Wenn du dich trotzdem verbrannt hast, hältst du die Stelle sofort unter fließend kaltes Wasser. Heiße Bleche oder Formen stellst du nicht auf die Arbeitsfläche, sondern auf einen Untersetzer.

Vorsicht, Strom!

Benutze Elektrogeräte nur in Anwesenheit eines Erwachsenen und lass dir genau erklären, worauf zu achten ist. Elektrostecker und Schalter darfst du niemals mit nassen Händen anfassen.

Bitte nicht stören!

Lass dich beim Backen nicht ablenken, zum Beispiel durch das Telefon. Falls doch etwas Wichtiges dazwischen kommt, nimm den Topf von der Platte und stelle den Herd aus!

Nicht nur zum Schluss

Spülen und Aufräumen gehören zum Backen dazu. Am besten sorgst du schon zwischendurch immer mal wieder für Sauberkeit, wischst die Arbeitsplatte ab, räumst Geräte weg und so weiter.

Backtemperaturen

Elektro	Gas
150 Grad	Stufe 1
175 Grad	Stufe 2
200 Grad	Stufe 3
225 Grad	Stufe 4

Küchen-ABC

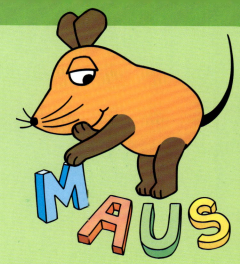

Ablöschen
Wenn du Flüssigkeit wie Wasser oder Brühe an angebratenes Fleisch oder Gemüse gießt, nennt man das Ablöschen.

Aufkochen
Aufkochen bedeutet das Erhitzen von Flüssigkeit, bis sie kocht, also sprudelt.

Backen
Backen ist das Garen in trockener Hitze, also im Backofen.

Braten
Du kannst Fisch, Fleisch und Gemüse braten. Meistens brät man mit etwas Öl in einer Pfanne auf dem Herd, man kann aber auch im Backofen braten.

Dünsten
Dünsten oder andünsten bedeutet Garen in wenig Flüssigkeit, eventuell mit einem Stück Butter. Stelle den Herd dafür auf kleine Stufe und verschließe den Topf mit einem Deckel.

Erhitzen
Du erhitzt Butter oder Öl in einer Pfanne, um etwas anzubraten. Dazu stellst du bei der Herdplatte die höchste Temperaturstufe ein. Nach einer Weile wieder herunterschalten!

Gehen lassen
Wenn du einen Hefeteig angerührt hast, muss er immer noch mindestens einmal vor der Weiterverarbeitung gehen. Das heißt, er geht auf und wird dadurch größer. Stelle den Teig dazu an einen warmen Ort.

Köcheln
Ganz leichtes Kochen bei kleiner Hitze. Es steigen nur kleine Kochbläschen auf.

Prise
Das ist die Menge, die man zwischen Daumen und Zeigefinger halten kann.

Putzen
Mit Putzen bezeichnet man bei Obst oder Gemüse das Entfernen von Erde und Sand, Stängeln, Kernen, schlechten Stellen oder Häutchen.

Steif schlagen
Dafür verrührst du die Zutat wie Sahne oder Eiweiß so lange mit dem Handrührgerät, bis sie an Volumen zunimmt und fest wird.

Stocken lassen
Dabei lässt du flüssige Zutaten wie etwa Ei fest werden. Dies kann in einer Pfanne, im Backofen oder im heißen Wasserbad geschehen.

Unterheben
Dabei vermischst du verschiedene Zutaten besonders vorsichtig, damit die Masse schön luftig bleibt. Nimm dafür einen Kochlöffel oder einen Teigschaber.

Verkneten
Verkneten nennt man das Verrühren von Teig mit den beiden Knethaken des Handrührgerätes oder mit den Händen.

Vorheizen
Meistens muss der Backofen vorgeheizt werden, das heißt, du bringst den Backofen auf die richtige Temperatur, bevor du das Gericht hineinstellst.

Zerlassen
Benötigst du flüssige Butter, so lässt du sie bei niedriger Temperatur im Topf schmelzen. Sie darf dabei nicht braun werden.

Rohkost mit Dip

So schmeckt frisches Gemüse wirklich köstlich! Und weil es so schnell zubereitet ist, kann man es immer wieder machen.

Das brauchst du
(für 1–2 Portionen)

1 Stange Staudensellerie
1 Zucchini
½ rote Paprikaschote
¼ Salatgurke
2 Möhren
1 Chicoréestaude

Für den Dip
250 g Crème fraîche
1 EL Zitronensaft
1 EL Sahne-Meerrettich aus dem Glas
½ TL Honig
Salz
Pfeffer
1 EL frisch gehackte gemischte Kräuter

So geht's

1. Wasche und putze das Gemüse.
2. Schäle die Möhren und die Gurke. Entkerne die Paprika.
3. Schneide das Gemüse in schmale Streifen.
4. Schneide vom Chicorée das untere Ende ab und löse die Blätter einzeln vom Strunk.
5. Rühre für den Dip Crème fraîche und Zitronensaft glatt. Rühre Meerrettich und Honig unter.
6. Schmecke den Dip mit Salz und Pfeffer ab und bestreue ihn mit Kräutern.

Tipp
Falls dir der Meerrettich zu scharf ist, kannst du stattdessen auch etwas mehr Crème fraîche nehmen.

Das stellst du bereit
Küchenmesser
Sparschäler
Schüssel

Schwierigkeitsgrad:

Rührei auf Brot

So ein herzhaftes Rührei kann man wirklich zu jeder Tageszeit essen – es ist gesund und macht satt.

Das brauchst du
(für 2 Portionen)

1 Zucchini
1 große rote Paprika
1 EL Öl
3 Eier
1 EL geriebener Käse
Salz
Pfeffer
1 EL Butter
2 Scheiben Vollkornbrot
1 EL Schnittlauchröllchen

Tipp
Statt mit Gemüse kannst du das Rührei mit kleinen Speckwürfeln oder gekochtem Schinken zubereiten.

So geht's

1. Putze und wasche die Zucchini und schneide sie in kleine Würfel. Halbiere, entkerne und wasche die Paprika und schneide sie ebenfalls in kleine Würfel.

2. Erhitze das Öl in einer Pfanne und dünste das Gemüse darin 5–6 Minuten an. Lass das Gemüse in einem Sieb abtropfen und abkühlen.

3. Verrühre die Eier mit dem Käse. Gib das Gemüse dazu, vermische alles gut und würze mit Salz und Pfeffer.

4. Erhitze die Butter in der Pfanne, gib die Gemüse-Ei-Masse hinein und lasse sie bei schwacher Hitze stocken. Schiebe sie dabei immer wieder zusammen, damit sie flockig wird.

5. Richte das fertige Rührei auf den Brotscheiben an und bestreue es mit Schnittlauch.

Das stellst du bereit

Pfanne
Sieb
Schüssel
Pfannenwender

Schwierigkeitsgrad:

Partysalat

Auf deiner nächsten Geburtstagsfeier ist dieser tolle Partysalat sicher der Hit! Du kannst ihn ganz leicht vorbereiten und dann ruhig noch etwas durchziehen lassen.

Das brauchst du
(für 4 Portionen)

750 g Kartoffeln
1 rote Paprikaschote
1 Bund Radieschen
250 g gekochter Schinken

Für die Salatsauce
250 g Salatcreme (FP)
6 EL Naturjoghurt
Salz
Pfeffer
2 Eier
1 Bund Schnittlauch

So geht's

1. Wasche die Kartoffeln, koche sie, lass sie auskühlen und ausdämpfen. Dann pelle sie und schneide sie in Scheiben.

2. Wasche die Paprikaschote, trockne, putze und entkerne sie. Schneide die Schote in Würfel.

3. Wasche, trockne und putze die Radieschen. Rasple drei Viertel des Bundes und schneide den Rest (etwa 4 Stück) in feine Streifen.

4. Schneide den Schinken ebenfalls in feine Streifen und vermenge alles in einer Schüssel miteinander.

5. Mische die Salatcreme mit Joghurt, Salz und Pfeffer und gib die Creme über den Salat. Lass alles 30 Minuten durchziehen.

6. Koche die Eier hart, lass sie auskühlen, pelle und viertel sie. Wasche den Schnittlauch, trockne ihn und schneide ihn in Röllchen.

7. Verteile den Salat auf Tellern und serviere ihn mit Eierviertel und Schnittlauchröllchen garniert.

Das stellst du bereit

Küchenmesser
Küchenwaage
Reibe
2 Schüsseln
2 Töpfe

Schwierigkeitsgrad:

Westernbällchen

Diese leckeren Hackbällchen schmecken zum Beispiel ganz toll zu einem bunten Gemüsereis.

Das brauchst du
(für 6 Portionen)

150 g Frühlingszwiebeln
½ rote Paprika
4 EL Mais (Dose)
1 Knoblauchzehe
2 Scheiben Toastbrot
1 Ei
600 g Rinderhackfleisch
Pfeffer
Salz
Paprikapulver (edelsüß)
5 EL Öl

Das stellst du bereit

Küchenwaage
Küchenmesser
Sieb
Schüssel
Knoblauchpresse
Pfanne
Pfannenwender

So geht's

1. Putze die Frühlingszwiebeln und hacke sie fein, putze und wasche die Paprika und hacke sie ebenfalls fein.

2. Lass den Mais abtropfen und presse den Knoblauch.

3. Schneide die Rinde vom Toastbrot ab und schneide das Brot in Würfel.

4. Verknete alle vorbereiteten Zutaten mit dem Ei und dem Rinderhackfleisch zu einem Fleischteig. Würze den Teig mit Salz und etwas Pfeffer und schmecke ihn nach Geschmack mit Paprikapulver ab.

5. Forme aus dem Fleischteig kleine Bällchen. Brate sie portionsweise in der Pfanne im heißen Öl bei mittlerer Hitze etwa 8 Minuten und wende sie dabei immer wieder.

Tipp

Ein Gemüsereis ist schnell gemacht: Reis kochen, mit buntem Gemüse (TK) in etwas Butter in der Pfanne braten – fertig!

Schwierigkeitsgrad:

Bunter Nudelsalat

Für einen Nudelsalat nimmt man immer kleine Nudelsorten wie Hörnchen-, Muschel- oder Schleifchennudeln. So kommt der Geschmack der Zutaten am besten raus.

Das brauchst du
(für 8 Portionen)

500 g bunte Hörnchennudeln
Salz
2 Zwiebeln
2 Bund Radieschen
½ Salatgurke
2 Äpfel

Für die Salatsauce
4 EL Weinessig
Meersalz
2 TL Senf
1 TL Honig
8 EL Sonnenblumenöl
2 EL Schnittlauchröllchen

Außerdem
2 EL Sonnenblumenkerne zum Bestreuen

So geht's

1. Gib die Nudeln in einen großen Topf mit kochendem Salzwasser und gare sie nach Packungsanweisung. Gieße sie ab, schrecke sie mit kaltem Wasser ab und lass sie abkühlen.

2. Schäle die Zwiebeln und schneide sie in Würfel. Putze die Radieschen, wasche sie und schneide sie in Scheiben.

3. Wasche die Gurke und die Äpfel. Schäle die Äpfel und entkerne sie. Schneide Gurke und Äpfel in Würfel.

4. Verrühre für die Salatsauce den Weinessig, 3 EL Wasser, etwas Meersalz, Senf und Honig mit dem Sonnenblumenöl. Gib den Schnittlauch dazu.

5. Vermische alle Zutaten mit der Salatsauce. Lass den Salat etwas durchziehen und bestreue ihn vor dem Servieren mit Sonnenblumenkernen.

Das stellst du bereit
Topf
Nudelsieb
Küchenmesser
Sparschäler
Schüssel

Schwierigkeitsgrad:

Wurstsalat

Du kennst Fleischwurst wahrscheinlich als Brotaufschnitt. In Bayern macht man damit diesen leckeren Wurstsalat.

Das brauchst du
(für 4 Portionen)

600 g Fleischwurst
4 Gewürzgurken
2 Zwiebeln

Für das Dressing
2 EL Weißweinessig
4 EL Sonnenblumenöl
Salz
Pfeffer
½ Bund Petersilie

So geht's

1. Löse die Fleischwurst aus ihrer Pelle und schneide sie in Streifen. Schneide die Gewürzgurken in Würfel.

2. Schäle die Zwiebel und schneide sie in Ringe. Gib alles zusammen in eine Schüssel.

3. Bereite aus dem Essig, dem Öl, Salz und Pfeffer ein Dressing zu und mische es unter den Wurstsalat.

4. Wasche die Petersilie, schüttle sie trocken und hacke sie fein. Streue sie über den Salat.

Tipp

Sind dir Zwiebeln grundsätzlich zu scharf, versuch es mal mit Gemüsezwiebeln; die sind süßer.

Das stellst du bereit

2 Schüsseln
Küchenmesser

Schwierigkeitsgrad:

Nudeltoast
mit Salami und Schinken

Dieses Rezept ist ein klassisches Reste-Essen: Wenn du von einem Spaghetti-Essen noch Nudeln übrig hast, kannst du damit diese leckeren Toasts zaubern.

Das brauchst du
(für 2 Portionen)

½ Zwiebel
50 g feine Salami
50 g gekochter Schinken
100 g gegarte Spaghetti
5 gefüllte grüne Oliven
1 EL Butter
1 EL Tomatenketchup
Salz
Pfeffer
½ TL Oregano
60 g geriebener Emmentaler
4 Scheiben Toastbrot

So geht's

1. Heize den Backofengrill vor. Schäle die Zwiebel und schneide sie in feine Würfel. Schneide die Salami und den Schinken ebenfalls in feine Würfel. Hacke die Spaghetti grob, die Oliven fein.

2. Erhitze die Butter in der Pfanne und dünste die Zwiebeln darin an. Gib Salami, Schinken und Spaghetti dazu und lass alles mitdünsten.

3. Mische die Oliven, Ketchup, Salz und Gewürze unter die Nudeln und hebe die Petersilie und die Hälfte des Käses unter.

4. Toaste die Brotscheiben und lege sie auf ein Backblech. Verteile die Nudelmasse darauf und bestreue sie mit dem restlichen Käse.

5. Überbacke die Toastbrotscheiben unter dem Grill etwa 5 Minuten und serviere den Toast mit einem Klecks Tomatenketchup.

Das stellst du bereit

Küchenwaage
Küchenmesser
Pfanne
Toaster
Backblech
Ofenhandschuhe

Schwierigkeitsgrad:

Lauchkuchen

Dieses Rezept kannst du auch ganz leicht nach deinem Geschmack mit anderen Gemüsesorten abwandeln, zum Beispiel mit Erbsen, Möhren oder Brokkoli.

Das brauchst du
(für 1 Springform 22 cm Ø)

Für den Teig
- 150 g Mehl
- 100 g Butter
- ½ TL Salz
- 1 Ei

Für den Belag
- 2 Lauchstangen
- 1 Zwiebel
- 50 g gekochter Schinken
- 2 EL Olivenöl
- 20 g Mehl
- 150 g Sahne
- 1 Ei
- Salz
- Pfeffer
- 50 g frisch geriebener Emmentaler

Außerdem
Butter für die Form

So geht's

1. Heize den Ofen auf 180 Grad (Umluft 160 Grad) vor.

2. Bereite aus dem Mehl mit der Butter, dem Salz und dem Ei einen Teig und lass ihn 30 Minuten ruhen. Lege ihn dann in die gefettete Form und ziehe etwa zwei Finger breit einen Rand hoch.

3. Putze und wasche den Lauch und schneide ihn in Ringe. Schäle die Zwiebel und hacke sie fein, schneide den Schinken in Würfel.

4. Erhitze das Öl in der Pfanne und dünste den Lauch mit der Zwiebel darin an. Stäube das Mehl darüber.

5. Mische die Sahne mit Ei, Schinken, Gewürzen und Käse und gib die Lauchmasse dazu. Verrühre alles gut.

6. Verteile die Masse auf dem Teig und backe den Kuchen etwa 25 Minuten im Ofen.

Das stellst du bereit
- Springform
- Küchenwaage
- Küchenmesser
- Pfanne
- Schüssel
- Ofenhandschuhe

Schwierigkeitsgrad:

Pizzaschnecken

Diese kleinen Pizzaschnecken schmecken so gut, dass man eigentlich alle auf einmal essen möchte. Doch es ist netter, sie mit Freunden zu teilen, zum Beispiel bei einem Picknick.

Das brauchst du
(für 12 Stück)

300 g Mehl
42 g frische Hefe
1 Prise Zucker
100 g Kräuterschmelzkäse
¼ TL Salz
5 EL Tomatenmark
1 Zwiebel
1 Zucchini
50 g roher Schinken
Pfeffer
1 EL getrockneter Thymian

Außerdem
Mehl für die Arbeitsfläche
Fett für das Blech

So geht's

1. Siebe das Mehl in eine Schüssel und drücke eine Mulde hinein. Bröckle die Hefe hinein und streue 1 Prise Zucker darüber. Schneide den Kräuterschmelzkäse in Würfel und gib ihn mit 1 Prise Salz an den Rand der Schüssel. Gieße 150 ml lauwarmes Wasser in und um die Mulde.

2. Stelle mit den Knethaken des Handrührers einen glatten Hefeteig her und lass ihn mit einem Tuch abgedeckt an einem warmen Ort gehen, bis er das doppelte Volumen erreicht hat.

3. Rolle den Teig zu einem Rechteck (20 x 30 cm) aus. Streiche das Tomatenmark darauf, lass 1 cm Rand frei.

4. Schäle die Zwiebeln und hacke sie klein. Wasche, trockne und putze die Zucchini und schneide sie in feine Würfel. Schneide den Schinken in feine Streifen.

5. Verteile alles auf dem Tomatenmark und bestreue es mit Salz, Pfeffer und Thymian.

6. Rolle den Teig von der langen Seite her zusammen, drücke den Rand fest. Schneide die Teigrolle in 12 Scheiben und lege sie flach auf ein gefettetes Backblech.

7. Heize den Backofen auf 200 Grad (Umluft 180 Grad) vor. Lass die Teigrollen 10 Minuten gehen und backe sie dann etwa 20 Minuten im Ofen.

Das stellst du bereit

Sieb
Schüssel
Küchenmesser
Handrührgerät
Nudelholz
Ofenhandschuhe

Schwierigkeitsgrad:

Hühnersuppe

Eine kräftige Hühnersuppe schmeckt (nicht nur) im Winter richtig gut. Und mit der Hilfe eines Erwachsenen wird dir dieses Rezept auch gelingen.

Das brauchst du
(für 4 Portionen)

1 Suppenhuhn (1,8 kg)
2 Bund Suppengrün
2 Knoblauchzehen
Salz
2 große Fleischtomaten
2 Zucchini
1 Gemüsezwiebel
1 TL gerebelter Oregano
150 g Gabelspaghetti
1 rote Paprikaschote
1 grüne Paprikaschote
150 g Erbsen (TK)
Paprikapulver (edelsüß)
eventuell Pfeffer

So geht's

1. Wasche das Suppenhuhn, trockne es und schneide es in zwei Hälften. Putze das Suppengrün, wasche es und zerschneide es grob.

2. Gib Huhn, Suppengrün, geschälte Knoblauchzehen und 2 l Wasser in einen großen Topf und bringe es zum Kochen. Salze es und lass alles bei schwacher Hitze etwa 1 ½ Stunden leicht köcheln. Schließe den Deckel des Topfes nicht ganz.

3. Wasche die Tomaten und die Zucchini, schneide die Tomaten in Scheiben und die Zucchini in Würfel. Schäle die Gemüsezwiebel und schneide sie in feine Streifen.

4. Nimm das Huhn aus dem Topf. Gieße die Brühe durch ein Sieb und bring sie wieder zum Kochen. Füge das vorbereitete Gemüse und den Oregano hinzu und lass alles wieder aufkochen. Gib die Nudeln in die Suppe und gare sie nach Packungsanweisung bissfest.

5. Wasche die Paprikaschoten, halbiere und entkerne sie und schneide sie in feine Streifen. Ziehe von dem Huhn die Haut ab und löse das Fleisch in größeren Stücken von den Knochen.

6. Gib die Paprika, das Fleisch und die Erbsen in die Suppe und lass das Ganze weitere 5 Minuten kochen.

7. Schmecke die Hühnersuppe mit Paprikapulver, Salz und eventuell Pfeffer ab und richte sie an.

Tipp
Am besten lässt du dir beim Zerkleinern des Suppenhuhns von einem Erwachsenen helfen.

Das stellst du bereit
Küchenmesser
Geflügelschere
großer Topf
Sieb

Schwierigkeitsgrad:

Pellkartoffeln
mit Kräuterquark

Das brauchst du
(für 4 Portionen)

1 kg Quark
250 g Sahne
Salz
Pfeffer
1 Bund Petersilie
1 Bund Schnittlauch
½ Bund Liebstöckel
½ Bund Kerbel
1 kg Kartoffeln

Tipp

Vorsicht, heiß! Pellkartoffeln werden am Tisch gepellt. Dazu piekst du eine Kartoffel mit der Gabel auf, ritzt die Pelle mit einem Messer längs leicht ein und ziehst sie dann ab.

Wichtig für dieses Rezept ist die richtige Kartoffelsorte: Geeignet sind kleine bis mittelgroße festkochende Kartoffeln.

So geht's

1. Verrühre den Quark mit der Sahne, bis er schön cremig ist. Würze ihn mit Salz und Pfeffer.

2. Wasche die Kräuter und schüttle sie trocken. Hacke sie fein und mische sie unter den Quark. Lass den Quark mit den Kräutern 20 Minuten ziehen und schmecke danach nochmals mit Salz und Pfeffer ab.

3. Wasche die Kartoffeln gründlich und gare sie ungeschält in kochendem Salzwasser etwa 20 Minuten. Gieße sie in ein Sieb ab und serviere sie mit dem Kräuterquark.

Das stellst du bereit

Schüssel
Küchenmesser
Topf
Sieb
Topflappen

Schwierigkeitsgrad:

Makkaroni-Auflauf

Dieser Auflauf schmeckt statt mit Schinken auch sehr gut mit Putenbrust. Schneide einfach die gleiche Menge in schmale Streifen und brate sie in etwas Öl knusprig an.

Das brauchst du
(für 4 Portionen)

500 g Makkaroni
Salz
300 g Erbsen (Dose)
je 1 rote und gelbe Paprikaschote
1 mittelgroße Zucchini
1–2 EL Pflanzenöl
300 g Kochschinken
100 g Gouda
250 ml Bechamelsauce (FP)
150 ml Milch
200 g Sahneschmelzkäse
Pfeffer

Außerdem
3 EL Schnittlauchröllchen
Fett für die Form

Tipp
Pass beim Raspeln gut auf deine Finger auf! Diese dürfen niemals zu nah an den Schneidemessern sein. Am besten benutzt du entweder einen Restehalter, den es zu jeder Reibe gibt, oder du bittest einen Erwachsenen, dir zu helfen.

So geht's

1. Bringe in einem großen Topf reichlich Wasser mit etwas Salz zum Kochen. Gare die Nudeln darin nach Packungsanweisung bissfest. Gieße sie anschließend ab und lass sie abtropfen.

2. Gib die Erbsen in ein Sieb, brause sie ab und lass sie abtropfen. Putze die Paprikaschoten, wasche, halbiere und entkerne sie. Schneide sie dann in kleine Würfel.

3. Putze die Zucchini, wasche sie und schneide sie erst in Scheiben, dann die Scheiben in Würfel.

4. Erhitze das Öl in einer Pfanne und brate die Zucchiniwürfel mit den Paprikawürfeln darin, bis sie weich sind. Gib zum Schluss die Erbsen dazu und erhitze sie kurz.

5. Heize den Backofen auf 225 Grad (Umluft 200 Grad) vor. Schneide den Schinken in Würfel und rasple den Gouda.

6. Koche die Béchamel mit Milch auf, rühre den Schmelzkäse ein und würze eventuell mit Salz und Pfeffer nach.

7. Fette eine ausreichend große Auflaufform ein. Schichte abwechselnd Nudeln, Schinken und Gemüsemischung ein und begieße die Schichten dazwischen mit der Sauce.

8. Bestreue zum Schluss den Auflauf mit Käse und backe ihn im Ofen auf der 2. Schiene von unten 15–20 Minuten. Bestreue ihn vor dem Servieren mit Schnittlauch.

Schwierigkeitsgrad:

Das stellst du bereit

2 Töpfe
Sieb
Küchenwaage
Küchenmesser
Pfanne
Pfannenwender
Küchenreibe
Auflaufform
Ofenhandschuhe

31

Fischstäbchen mit Salat

Fischstäbchen mag jeder. Und sie sind nicht nur sehr lecker, sondern auch gesund. Besonders mit diesem fruchtigen Salat als Beilage.

Das brauchst du
(für 2 Portionen)

¼ Gurke
1 Apfel
3 Möhren
1 Bund Petersilie
300 g Mais (Dose)
1 EL Essig
2 EL Öl
Salz
Pfeffer
1 Msp. Senf
2 EL Zitronensaft
1 EL Butter
10 Fischstäbchen

So geht's

1. Wasche Gurke, Apfel und Möhren. Schneide die Gurke in Würfel. Schäle den Apfel, entferne das Kerngehäuse und schneide den Apfel in Scheiben. Schäle die Möhren und reibe sie.

2. Wasche die Petersilie, schüttle sie trocken und hacke sie. Gieße den Mais ab und lass ihn abtropfen.

3. Bereite aus Essig, Öl, Salz, Pfeffer und Senf eine Salatsauce. Gib anschließend Gurkenwürfel, Apfelscheiben, Möhrenraspel und Mais dazu.

4. Beträufle den Salat mit 1 EL Zitronensaft und bestreue ihn mit Petersilie.

5. Zerlass die Butter in einer Pfanne und brate die Fischstäbchen nach Packungsanweisung knusprig.

6. Beträufle die Fischstäbchen mit 1 EL Zitronensaft und serviere sie mit dem Salat.

Das stellst du bereit

Küchenmesser
Sparschäler
Küchenreibe
Schüssel
Pfanne
Pfannenwender

Schwierigkeitsgrad:

Spaghetti Bolognese

Dieses Rezept ist in der Zubereitung schon etwas schwieriger. Doch der Aufwand lohnt sich, denn eine Bolognese-Sauce schmeckt am besten selbstgemacht!

Das brauchst du
(für 4 Portionen)

1 Zwiebel
1 Knoblauchzehe
75 g durchwachsener Speck
1 Möhre
½ Stange Staudensellerie
2 EL Olivenöl
400 g gemischtes Hackfleisch
100 ml Gemüsebrühe
Salz
Pfeffer
100 ml Milch
1 TL frisch gehackter Oregano
400 g gehackte Tomaten (Dose)
1 EL Zucker
400 g Spaghetti

Außerdem
50 g geriebener Parmesan

So geht's

1. Schäle und hacke die Zwiebel und den Knoblauch. Schneide den Speck in Würfel. Schäle die Möhre, putze und wasche den Staudensellerie und schneide beides in Würfel.

2. Brate den Speck in der Pfanne im heißen Öl an. Gib erst Zwiebel, Knoblauch und Gemüse und dann das Hackfleisch zu und brate alles unter Rühren gut an.

3. Lösche mit der Brühe ab und lass die Mischung köcheln, bis die Flüssigkeit verkocht ist. Würze mit Salz und Pfeffer. Rühre die Milch unter und koche die Sauce sämig ein.

4. Rühre Oregano, Tomaten und Zucker in die Sauce und lass sie bei geringer Temperatur etwa 30 Minuten sanft köcheln.

5. Gare die Spaghetti nach Packungsanweisung bissfest. Gieße sie ab und lass sie abtropfen.

6. Gib die Spaghetti auf Teller, verteile die Sauce darüber und bestreue alles mit Parmesan.

Schwierigkeitsgrad:

Das stellst du bereit

Küchenwaage
Küchenmesser
Sparschäler
Pfanne
Pfannenwender
Sieb
Topf

Hähnchenschenkel mit Ofengemüse

Das brauchst du
(für 4 Portionen)

grobes Meersalz
1 kg festkochende kleine Kartoffeln (Drillinge)
2 Zweige Rosmarin
4 Hähnchenschenkel
Pfeffer
2 TL Paprikapulver (edelsüß)
4 kleine Zucchini
1 große rote Paprikaschote
250 g Kirschtomaten

Tipp

Nimm das Blech aus dem Ofen, um das Gemüse daraufzulegen. So kannst du auch besser den Bratenfond mit einem Esslöffel über das Gemüse träufeln.

Für dieses Rezept brauchst du nur ein paar Dinge vorzubereiten, dann ab damit aufs Blech, und den Rest erledigt der Backofen.

So geht's

1. Heize den Backofen auf 200 Grad (Umluft 180 Grad) vor. Lege das Backblech mit Backpapier aus und bestreue es leicht mit grobem Meersalz.

2. Schrubbe die Kartoffeln unter fließendem Wasser gründlich ab. Lege sie anschließend aufs Blech, salze sie und bestreue sie mit Rosmarinnadeln.

3. Wasche die Hähnchenschenkel, tupfe sie trocken und teile sie im Gelenk. Vermische 1 TL Meersalz mit etwas Pfeffer und dem Paprikapulver und reibe die Schenkel damit ein. Lege die Schenkel zwischen die Kartoffeln aufs Blech und backe alles etwa 45 Minuten im Ofen.

4. Wasche und putze in der Zwischenzeit das Gemüse. Schneide die Zucchini in längliche Streifen, halbiere die Paprikaschote, befreie sie von Kernen und schneide sie ebenfalls in Streifen. Pikse die Kirschtomaten an, damit sie nicht zerplatzen.

5. Lege das vorbereitete Gemüse nach etwa 25 Minuten aufs Blech zu den Kartoffeln und den Hähnchenschenkeln und beträufele es mit dem Bratenfond, der sich auf dem Backblech gebildet hat.

Das stellst du bereit
Backblech
Backpapier
Küchenmesser
Ofenhandschuhe

Schwierigkeitsgrad:

Gnocchi mit Tomatensauce

Diese kleinen Kartoffelklöße sind eine italienische Spezialität und werden „Njokki" ausgesprochen.

Das brauchst du
(für 4 Portionen)

1 kg mehligkochende Kartoffeln
1 Zwiebel
4 EL Butter
800 g gewürfelte Tomaten (Dose)
Salz
Pfeffer
ca. 250 g Mehl
einige Basilikumblätter
60 g frisch geriebener Parmesan

Außerdem
Mehl für die Arbeitsfläche

Das stellst du bereit
2 Töpfe
Messbecher
Küchenmesser
Pfanne
Schaumkelle

So geht's

1. Wasche die Kartoffeln und gare sie. Schäle die Zwiebel und hacke sie klein.

2. Dünste die Zwiebel in 2 EL Butter glasig und rühre die Tomatenwürfel unter. Würze alles mit Salz und Pfeffer und lass es offen zu einer sämigen Sauce einkochen.

3. Gieße die Kartoffeln ab, pelle sie und zerstampfe sie noch heiß. Salze die Masse und knete nach und nach so viel Mehl darunter, bis ein glatter, nicht mehr klebender Teig entstanden ist.

4. Rolle den Gnocchiteig auf etwas Mehl zu fingerdicken Röllchen. Schneide 2–3 cm lange Stücke ab. Drücke sie mit einer Gabel etwas flach.

5. Lass die Gnocchi in kochendem Salzwasser gar ziehen. Wenn sie oben schwimmen, hebe sie mit der Schaumkelle heraus und lass sie abtropfen.

6. Erhitze die restliche Butter, gib den Basilikum hinein und schwenke die Gnocchi darin.

7. Bestreue die Gnocchi anschließend mit Parmesan und serviere sie mit der Tomatensauce.

Schwierigkeitsgrad:

Curry-Geschnetzeltes
mit Spaghetti

Geschnetzeltes sind dünne, gebratene Fleischstreifen in Sahnesauce, die hier zusammen mit den Früchten besonders gut schmecken.

Das brauchst du
(für 4 Portionen)

je 1 rote und grüne Paprikaschote
1 Zwiebel
100 g Champignons
300 g Hühnerbrustfilets
3 EL Butter
500 g Fruchtcocktail (Dose)
Instant-Bratensauce für 250 ml
Salz
1 EL Curry
1 EL Zitronensaft
250 g Spaghetti
1 EL Öl
2 EL gehackte Petersilie
100 g Schlagsahne

Das stellst du bereit

Küchenmesser
Pfanne
Pfannenwender
Küchenwaage
Topf
Sieb

So geht's

1. Halbiere die Paprikaschoten, entkerne und wasche sie. Schneide sie in Streifen. Schäle die Zwiebel und schneide sie in Würfel.

2. Putze, wasche, und trockne die Champignons. Schneide sie in Scheiben. Schneide die Hühnerbrustfilets in Streifen.

3. Erhitze 2 EL Butter in einer Pfanne. Brate das Hähnchenfleisch darin rundherum an, bis es leicht gebräunt ist.

4. Gib die Paprikaschoten, die Zwiebel und die Champignons dazu und dünste sie kurz mit an.

5. Gieße den Fruchtcocktail mit dem Saft und 200 ml Wasser langsam in die Pfanne und bringe das Geschnetzelte zum Kochen.

6. Rühre das Bratensaucenpulver ein. Würze mit Salz, Curry und Zitronensaft. Lass das Geschnetzelte auf schwacher Hitze 10–12 Minuten leicht köcheln.

7. Gib die Spaghetti und 1 EL Öl in kochendes Salzwasser und gare sie nach Packungsanweisung bissfest. Gieße die Nudeln ab und schwenke sie mit 1 EL Butter und der Petersilie durch.

8. Verrühre das Geschnetzelte mit der Sahne und schmecke es nochmals ab. Serviere es zu den Spaghetti.

Schwierigkeitsgrad:

Süße Burger

Du kennst den Burger wahrscheinlich nur mit herzhaften Füllungen. Hier haben wir die Brötchen einmal mit einer süßen Füllung zubereitet. Das schmeckt lecker!

Das brauchst du
(für 12 Stück)

Für den Teig
240 g Mehl
2 TL Backpulver
½ TL Natron
1 Prise Salz
2 EL Öl
2 EL Butter
100 ml Buttermilch

Für den Belag
75 g Aprikosenmarmelade
2–3 Kiwis

Außerdem
weiße Schokoladenstreusel zum Garnieren

So geht's

1. Heize den Backofen auf 200 Grad (Umluft 180 Grad) vor.

2. Mische das Mehl mit Backpulver und Natron. Gib Salz, Öl, Butter und Buttermilch dazu und verknete alles zu einem einheitlichen Teig. Knete den Teig gut durch und forme kleine Brötchen daraus.

3. Lege ein Backblech mit Backpapier aus. Lege die Brötchen mit ausreichendem Abstand zueinander auf das Backblech und backe sie auf der mittleren Einschubleiste im Ofen etwa 7–9 Minuten.

4. Nimm die Brötchen heraus, lass sie abkühlen und halbiere sie quer.

5. Bestreiche die untere Hälfte mit der Aprikosenmarmelade.

6. Schäle die Kiwi und schneide sie in Scheiben. Belege die untere Brötchenhälfte mit den Kiwischeiben.

7. Bestreiche den Deckel ebenfalls mit Marmelade und setze ihn wieder auf.

8. Serviere das Ganze mit Schokoladenstreuseln bestreut.

Schwierigkeitsgrad:

Omelett mit Bananen

Eier und Bananen, mehr braucht es nicht für diese leckere Süßspeise. Einfacher und schneller kannst du kein Essen zubereiten.

Das brauchst du
(für 2 Portionen)

1 Banane
1 EL Orangensaft
1 EL Puderzucker
2 Eier
1 Prise Salz
1 EL Butter

Außerdem
Zimtzucker zum Bestreuen

So geht's

1. Schäle die Bananen, schneide sie in Scheiben und mische sie in einer Schüssel mit dem Orangensaft und dem Puderzucker.

2. Verrühre die Eier mit 1 EL Wasser und dem Salz. Schlage sie nicht schaumig.

3. Erhitze die Butter in der Pfanne und gib dann die Eier dazu. Brate sie bei geringer Temperatur von beiden Seiten goldgelb an. Lass den Pfannkuchen auf einen Teller gleiten.

4. Belege eine Hälfte mit Bananenscheiben, klappe den Pfannkuchen zusammen und schneide ihn in zwei Portionen.

5. Serviere ihn mit Zimtzucker bestreut.

Tipp

Wenn du keinen fertigen Zimtzucker zu Hause hast, kannst du einfach 3 EL Zucker mit 1 TL Zimt mischen — fertig!

Das stellst du bereit

Küchenmesser
Schüssel
Pfanne
Pfannenwender

Schwierigkeitsgrad:

Arme Ritter

Schon im Mittelalter haben die Menschen Arme Ritter gegessen. Und auch in anderen Ländern kennt man ähnliche Gerichte. Wahrscheinlich liegt das daran, dass sie fix zubereitet sind und lecker schmecken.

Das brauchst du
(für 4 Portionen)

250 ml Milch
1 TL abgeriebene Schale von 1 unbehandelten Zitrone
3 EL Zucker
1 TL Zimt
4 Scheiben Weißbrot vom Vortag
4 Eier
60 g Butter

Tipp

In Amerika gehört diese Süßspeise zum Frühstück — mit Ahornsirup beträufelt. Lecker dazu ist aber auch fruchtiges Pflaumenkompott.

So geht's

1. Koche die Milch mit der Zitronenschale, Zucker und Zimt in einem Topf auf. Lass sie dann abkühlen.

2. Lege die Weißbrotscheiben in die abgekühlte Milch und weiche sie 5 Minuten ein.

3. Schlage die Eier in einem Teller mit einer Gabel schaumig.

4. Nimm die Weißbrotscheiben aus der Milch und wende sie im Eischaum.

5. Schmilz die Butter in einer Pfanne und brate die Weißbrotscheiben darin von beiden Seiten goldbraun und knusprig.

Das stellst du bereit

Topf
Teller
Messbecher
Pfanne
Pfannenwender

Schwierigkeitsgrad:

Gebackene Apfelringe

Aus frischen Äpfeln kann man so viele leckere Dinge zaubern, zum Beispiel diese tollen Apfelringe.

Das brauchst du
(für 4 Portionen)

1 TL Trockenhefe
50 g Mehl
50 g Butter
125 ml Milch
3 Eier
25 g Zucker
8 Äpfel

Außerdem
Pflanzenöl zum Ausbacken
Puderzucker zum Bestreuen

Das stellst du bereit

Schüssel
Sparschäler
Apfelausstecher
Messbecher
Pfanne
Küchenkrepp

So geht's

1. Löse die Trockenhefe in 3 EL warmem Wasser auf.

2. Bereite aus Mehl, Hefe, Butter, Milch, Eiern und Zucker einen glatten Hefeteig.

3. Lass den Hefeteig zugedeckt etwa 20 Minuten an einem warmen Ort gehen.

4. Wasche und schäle die Äpfel, entkerne sie und schneide sie in Ringe.

5. Umwickle die Apfelringe mit dem Hefeteig und backe sie in einer Pfanne in heißem Öl goldbraun aus.

6. Lass sie auf Küchenkrepp abtropfen und bestreue sie mit Puderzucker.

Tipp
Die Apfelringe kannst du mit Hilfe zweier Gabeln in der Pfanne vorsichtig wenden.

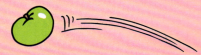

Schwierigkeitsgrad:

Schoko-Muffins

Schokoladenstückchen drin, Schokoladenstückchen obenauf: Diese super-schokoladigen Muffins werden bestimmt deine Lieblingsmuffins!

Das brauchst du
(für 12 Stück)

280 g Mehl
2 TL Backpulver
1 TL Zimt
160 g Zucker
¼ TL Salz
120 Butter
100 ml Kakao (FP)
150 ml Milch
1 P. Vanillezucker
2 Eier
100 g Schokolade

So geht's

1. Heize den Backofen auf 200 Grad (Umluft 180 Grad) vor. Lege ein Muffinblech mit Papierförmchen aus.

2. Siebe das Mehl mit Backpulver und Zimt in eine Schüssel und vermische es mit Zucker und Salz.

3. Zerlasse die Butter bei milder Hitze im Topf, nimm den Topf vom Herd und schlage den Kakao mit einem Schneebesen unter. Lass es etwas abkühlen und gib dann Milch, Vanillezucker und Eier dazu. Verrühre alles gut.

4. Schneide die Schokolade in Stücke. Gib die Mehlmischung nach und nach zur Buttermischung und rühre, bis das Mehl vollständig untergearbeitet ist. Mische die Hälfte der Schokolade unter den Teig.

5. Verteile den Teig auf die Förmchen und streue die restlichen Schokoladenstückchen darüber. Backe die Muffins etwa 20 Minuten im Ofen und lass sie auf einem Kuchengitter auskühlen.

Das stellst du bereit

Muffinblech
12 Papierförmchen
Messbecher
Sieb
Schüssel
Topf
Schneebesen
Handrührgerät
Küchenmesser
Ofenhandschuhe
Kuchengitter

Schwierigkeitsgrad:

Kirschenmichel

Diese Süßspeise besteht immer aus altbackenen Brötchen oder Brot. Du kannst sie mit Süß- oder mit Sauerkirschen zubereiten.

Das brauchst du
(für 4 Portionen)

500 ml Milch
6 Brötchen vom Vortag
100 g Butter
75 g Zucker
4 Eier
750 g Kirschen
1 Prise Zimt
1 Prise Salz

Außerdem
Butter für die Form

Das stellst du bereit

Topf
Küchenwaage
2 Schüsseln
Handrührgerät
Brotmesser
Kirschentkerner
Auflaufform

So geht's

1. Heize den Backofen auf 200 Grad (Umluft 180 Grad) vor. Fette die Auflaufform ein.

2. Erwärme die Milch, schneide die Brötchen in Scheiben und weiche sie in der warmen Milch ein.

3. Verrühre 75 g Butter mit dem Zucker. Trenne die Eier, gib die Eigelbe zur Butter-Zucker-Mischung und rühre sie schaumig. Verrühre die Brötchen mit der Milch und der Eiercreme.

4. Wasche und entsteine die Kirschen und gib sie mit dem Zimt zu der Mischung. Schlage das Eiweiß mit 1 Prise Salz steif und hebe es unter die Kirsch-Brötchen-Masse.

5. Fülle die Masse in die Form, setze die restliche Butter in Flöckchen darauf und backe den Kirschenmichel etwa 50 Minuten im Ofen.

Tipp

Du kannst auch Kirschen aus dem Glas nehmen. Das erspart das lästige Entkernen.

Schwierigkeitsgrad:

Marmorkuchen

Nein, dieser Kuchen ist nicht aus Stein, auch wenn er so heißt. Er hat seinen Namen vom Muster, das der helle und der dunkle Teig bilden.

Das brauchst du
(für 10-12 Stücke)

250 g Butter
200 g Zucker
1 P. Vanillezucker
4 Eier
500 g Mehl
1 Prise Salz
1 P. Backpulver
125 ml Milch
30 g Kakaopulver
2 EL Milch

Außerdem
Puderzucker zum Bestäuben
Butter für die Form

Das stellst du bereit
Kastenform
2 Schüsseln
Messbecher
Handrührgerät
Ofenhandschuhe

So geht's

1. Heize den Backofen auf 175 Grad (Umluft 150 Grad) vor.

2. Rühre die Butter mit dem Zucker und Vanillezucker schaumig. Gib die Eier dazu.

3. Mische das Mehl mit Salz und Backpulver und rühre es unter. Füge die Milch hinzu und verrühre alles gut.

4. Fülle zwei Drittel des Teiges in eine gefettete Kastenform. Verrühre den restlichen Teig mit Kakao und 2 EL Milch.

5. Fülle den dunklen Teig auf den hellen Teig und ziehe ihn mit einer Gabel spiralförmig unter.

6. Backe den Kuchen etwa 1 Stunde im Ofen. Bestäube ihn danach mit Puderzucker.

Tipp

Wenn du dir nach Ende der Backzeit nicht sicher bist, ob der Kuchen fertig ist, mach die Stäbchenprobe: Stich mit einem Holzspieß in den Kuchen. Wenn Teig daran kleben bleibt, braucht er noch ein paar Minuten. Ist der Holzspieß sauber, kannst du den Kuchen aus dem Ofen nehmen. Vorsicht mit der heißen Ofentür!

Schwierigkeitsgrad:

Schoko-Bananen-Ecken

Der Teig für diese Kekse ist so lecker, dass man ihn am liebsten gleich vernaschen möchte. Doch das wäre schade, denn die gebackenen Schoko-Bananen-Ecken schmecken noch besser!

Das brauchst du
(für etwa 45 Stück)

1 reife Banane
250 g Mehl
1 TL Backpulver
1 EL Kakaopulver
125 g Zucker
1 P. Vanillezucker
1 Prise Salz
100 g weiche Butter

Außerdem
Mehl zum Ausrollen
etwas Puderzucker

So geht's

1. Heize den Backofen auf 180 Grad (Umluft 160 Grad) vor.

2. Schäle die Banane und zerdrücke sie mit einer Gabel.

3. Siebe das Mehl mit Backpulver und Kakao in eine Rührschüssel. Füge Zucker, Vanillezucker, Salz, Butter und Bananenmus hinzu und verarbeite es mit den Knethaken des Handrührgerätes zu einem Teig.

4. Knete den Teig auf einer bemehlten Arbeitsfläche gut durch und forme ihn zu fingerdicken Rollen. Schneide 4–5 cm lange Stücke, rolle die Enden etwas dünner und forme sie zu Ecken.

5. Setze die Bananen-Ecken auf ein mit Backpapier ausgelegtes Blech und backe sie auf mittlerer Schiene im Ofen etwa 12 Minuten.

6. Lass sie erkalten und bestäube sie mit Puderzucker.

Tipp
Für noch mehr Schokoladengeschmack tunke die Ecken in geschmolzene Kuvertüre.

Das stellst du bereit
Schüssel
Sieb
Handrührgerät
Küchenmesser
Backblech
Backpapier
Ofenhandschuhe

Schwierigkeitsgrad:

Kunterbunter Kuchen

Huch, was ist denn da passiert? Hat da jemand den Teig verhext? Dieser kunterbunte Kuchen ist ein wahrer Hingucker und ganz einfach ohne Zauberei zu backen.

Das brauchst du
(für 6–8 Stücke)

50 g Butter
50 g Zucker
1 Ei
60 g Mehl
½ TL Backpulver
1 EL Milch
¼ P. Vanillesaucenpulver
¼ Beutel Götterspeise Kirsch
¼ Beutel Götterspeise Waldmeister

Außerdem
Butter für die Form
80 g Puderzucker für den Guss
bunte Zuckerstreusel und -perlen

Das stellst du bereit
Mini-Kastenform von 15 cm Länge
3 Schüsseln
Messbecher
Ofenhandschuhe
Pinsel

So geht's

1. Heize den Backofen auf 180 Grad (Umluft 160 Grad) vor. Fette die Mini-Kastenform mit Butter ein.

2. Rühre für den Teig die Butter geschmeidig. Gib nach und nach den Zucker, dann das Ei zu und rühre es unter. Mische das Mehl mit Backpulver und rühre es mit der Milch unter.

3. Teile den Teig in drei Teile. Verrühre einen Teil mit Vanillesaucenpulver, den zweiten Teil mit Kirsch-Götterspeisen-Pulver und den dritten Teil mit Waldmeister-Götterspeisen-Pulver.

4. Fülle die drei Teige schichtweise in die Form. Beginne mit dem gelben Teig, gib darüber den roten Teig und schließe mit dem grünen Teig ab.

5. Backe den Kuchen etwa 40 Minuten im Ofen. Lass ihn kurz in der Form abkühlen. Nimm ihn dann heraus und lass ihn vollständig auskühlen.

6. Verrühre für die Verzierung den Puderzucker mit etwas Wasser zu einem glatten Guss und bestreiche den Kuchen damit. Streue die Zuckerstreusel und -perlen in den noch weichen Guss und drücke sie leicht an. Lass den Guss fest werden.

Tipp

Die drei Teigschichten verteilen sich beim Backen ganz von allein zu diesem tollen Muster. Das Ergebnis sieht jedoch bei jedem Backen anders aus.

Schwierigkeitsgrad:

Schokolinsen-Cookies

Hast du Lieblingsplätzchen? Wenn nicht, dann werden diese leckeren Kekse sicher deine neuen Lieblinge.

Das brauchst du
(für etwa 30 Stück)

175 g Zucker
2 EL Zuckerrübensirup
200 g weiche Butter
2 Eier
400 g Mehl
1 TL Natron
½ TL Salz
1 TL Zimt
250 g bunte Schokolinsen

So geht's

1. Vermische den Zucker und den Zuckerrübensirup mit dem Handrührer so lange, bis keine Klümpchen mehr vorhanden sind.

2. Rühre die Butter unter, gib die Eier hinzu und verrühre alles gut. Heize den Backofen auf 180 Grad (Umluft 160 Grad) vor.

3. Mische das Mehl mit Natron, Salz und Zimt und rühre es unter die Butter-Zucker-Mischung. Gib die Schokolinsen zum Teig und hebe sie kurz unter.

4. Lege das Backblech mit Backpapier aus. Nimm mit einem Esslöffel kleine Portionen vom Teig ab, forme ihn zu Kugeln und lege sie im Abstand von 8 cm auf das Blech.

5. Backe die Cookies im Ofen etwa 15 Minuten, bis die Ränder hellbraun sind. Lass die Cookies auf dem Blech auskühlen.

Schwierigkeitsgrad:

Das stellst du bereit

2 Schüsseln
Messbecher
Handrührgerät
Backblech
Backpapier
Ofenhandschuhe

Griesbrei

So ein Griesbrei ist lecker und ganz einfach und schnell gemacht. Und er schmeckt auch nur mit Zimtzucker bestreut sehr gut.

Das brauchst du
(für 4 Portionen)

- 500 ml Milch
- Schale von ½ unbehandelten Zitrone
- 1 P. Vanillezucker
- 25 g Zucker
- 1 Prise Salz
- 40 g Grieß
- 1 Ei
- 125 g Himbeeren
- 2 Kiwis
- 1 TL Honig
- 1 TL Zitronensaft

Das stellst du bereit

- Messbecher
- Topf
- 2 Schüsseln
- Schneebesen
- Küchenmesser

So geht's

1. Bringe die Milch mit der Zitronenschale, dem Vanillezucker, dem Zucker und 1 Prise Salz zum Kochen.

2. Streue den Grieß unter Rühren ein und lass ihn auf schwacher Hitze 5 Minuten quellen, danach etwas abkühlen.

3. Trenne das Ei und schlage das Eiweiß zu steifem Schnee auf. Verrühre das Eigelb mit dem Grießbrei und hebe den Eischnee vorsichtig unter.

4. Wasche die Himbeeren und tupfe sie trocken. Schäle die Kiwis, schneide sie in Stücke und mische sie mit den Himbeeren. Schmecke die Früchte mit Honig und Zitronensaft ab.

5. Verteile den Griesbrei auf 4 Schalen und richte das Obst auf dem Brei an.

Schwierigkeitsgrad:

Originalausgabe
© I. Schmitt-Menzel/Friedrich Streich
WDR mediagroup GmbH
Die Sendung mit der Maus ® WDR

© Schwager & Steinlein Verlag GmbH
Emil-Hoffmann-Straße 1, D-50996 Köln

Fotografien: TLC Fotostudio

Produktion: GrafikwerkFreiburg

Gesamtherstellung:
Schwager & Steinlein Verlag GmbH
Alle Rechte vorbehalten
www.schwager-steinlein-verlag.de